L'ACTE

DE NAISSANCE,

COMEDIE EN UN ACTE ET EN PROSE;

PAR L. B. PICARD.

Représentée à Paris, sur le Théâtre de l'Impératrice, rue de Louvois, par les Comédiens ordinaires de sa Majesté l'Impératrice, le 10 Vendémiaire an XIII. (2 Octobre 1804.)

Prix, 1 fr. 20 c.

À PARIS,

Chez Mme. MASSON, Libraire, Editeur de Pièces de Théâtre, rue de l'Echelle, N°. 558, au coin de celle St.-Honoré.

AN XIII. (1804.)

PERSONNAGES.	ACTEURS.
M. DUBOULOIR.	M. *Vigny*.
M. CLAIRVILLE.	M. *Barbier*.
MAD. DE ROSEMONT.	*Mad. Légé-Molé*.
LOUISE, sa Fille.	*Mlle. Adeline*.
ANDRÉ, Valet de Clairville.	M. *Armand*.

La Scène est à Paris, chez Madame Rosemont.

NOTA. Les Acteurs sont en tête de chaque scène, tels qu'ils doivent être au Théâtre, le premier tient la droite des Acteurs.

AVIS.

Il n'y a d'Edition avouée par l'Auteur, que celle dont les exemplaires sont signés par l'Editeur. Il poursuivra les contrefacteurs, conformément à la loi.

L'ACTE
DE NAISSANCE,
COMÉDIE EN UN ACTE.

Le Théâtre représente un Sallon, une Fenêtre sur un côté avec des Rideaux de mousseline.

SCÈNE PREMIERE.

MAD. DE ROSEMONT, (*seule regardant à travers les rideaux de la croisée.*)

Le voilà; quelle tournure aimable et décente! il est avec des clients; un vieillard, un jeune homme, une jeune personne! C'est peut-être un contrat de mariage qu'il achève. Ah! Clairville quand songerez-vous au vôtre!

SCÈNE II.

MAD. DE ROSEMONT, LOUISE.

LOUISE.

Ah! mon Dieu, ma mère! et à la fenêtre encore! comme c'est contrariant!

MAD. DE ROSEMONT.

Ah! mon Dieu, il m'a vue, je crois, à travers les carreaux.

(*Elle ferme les rideaux et va précipitamment à l'autre côté du théâtre.*)

LOUISE.

Bon! elle s'éloigne. (*Elle va à son tour à la fenêtre et regarde.*)

Mad. DE ROSEMONT.

En vérité, j'en suis toute tremblante et toute pâle. (*Elle se regarde dans un miroir.*) Comme je suis coëffée aujourd'hui! (*Elle arrange sa coëffure.*)

L O U I S E.

Il est là, il m'a reconnue, prenons bien garde.
(*Elle regarde à travers les rideaux, et se détourne
pour voir si sa mère ne la regarde pas*).
Mad. D E R O S E M O N T, (*toujours à la glace.*)

Enfin, je ne me suis pas trompée, depuis huit
jours qu'il est notaire, et qu'il loge en face de moi,
toutes les foisque nous ouvrons notre fenêtre, il ouvre
la sienne. Quel maussade bonnet! et j'ai remarqué des
regards, des signes... Ce n'est pas pour ma fille... Une
enfant... C'est donc pour moi... Et en effet.... Quand je
me considère... D'abord il estcertain que je ne parois
pas mon âge... Mon âge ?... Ai-je bien mon âge ?

L O U I S E. (*Quittant la fenêtre.)*

Je n'ose plus regarder... que je suis folle, cependant de ne pas avouer à ma mère... elle m'aime tant...
Allons encore un coup d'œil. (*Elle regarde encore à
la fenêtre.*)

Mad D E R O S E M O N T.

Qu'il est cruel de n'oser se confier à personne !
car enfin nous autres jeunes veuves avons nous
plus de privilège que les jeunes filles... Voyons s'il
est encore dans son cabinet.... quefais-tu là mafille ?

L O U I S E.

Moi, ma mère, ah! mon Dieu, rien ; j'arrive et
je regardois... Je crois qu'il fera beau demain.

Mad. D E R O S E M O N T.

Heureux âge ! cela t'arrange pour ta promenade.

L O U I S E.

Mais, oui : (*à part.*) Elle ne se doute de rien.

Mad. D E R O S E M O N T, (*à part.*)

Et pourquoi ne confierais-je pas à ma fille... elle
commence à être raisonnable et mon cœur a besoin
de s'epancher. Peut être d'ailleurs apprendroit-elle
par d'autres, ou devineroit elle.... Il est de mon devoir de la prévenir.

L O U I S E, (*à part.*)

Allons un peu de hardiesse ; comme c'est aujour-
d'hui qu'il doit envoyer... il faut absolument que je
dise tout à ma mère.

Mad. D E R O S E M O N T.

Louise.

L O U I S E.

Ma mère.

Mad. DE ROSEMONT.
Vous avez quinze ans mon enfant.

LOUISE.
J'en ai bientôt seize maman.

Mad. DE ROSEMONT.
Vous n'en avez que quinze, mademoiselle, car je n'en ai que trente-deux.

LOUISE.
Trente....

Mad. DE ROSEMONT.
Oui ma fille, je n'ai que trente-deux ans, entendez-vous. Cependant comme vous avez un esprit, une raison au-dessus de votre âge, j'ai une affaire....un projet... Que je veux vous communiquer.

LOUISE.
Et moi ma mère, j'ai de mon côté quelque chose à vous dire.

Mad. DE ROSEMONT.
Et quoi donc, mon enfant?

LOUISE.
Parlez ma mère, et je parlerai après.

Mad. DE ROSEMONT.
Eh bien donc, ma chère, tu n'as pas remarqué toi, ce jeune notaire qui depuis huit jours loge là en face.

LOUISE.
Je vous demande pardon., ma mère. Il se nomme Clairville.

Mad. DE ROSEMONT.
Précisément. Il est d'une tournure...

LOUISE.
Charmante. N'est-ce pas?

Mad. DE ROSEMONT.
Il est fort lié avec cet ancien ami de ton père, cet honnête procureur qui s'est chargé de toutes mes affaires.

LOUISE.
M. Dubouloir, qui toutes les fois qu'il nous a parlé de Clairville, nous a fait son éloge.

Mad. DE ROSEMONT.
Oui, il nous a dit que c'était un jeune homme

6

instruit, rangé, d'une fortune suffisante et d'ailleurs
ayant un état.

LOUISE.

Oui, il nous a dit tout cela. C'est un bien honnête
homme que ce M. Dubouloir.

Mad. DE ROSEMONT.

Je l'estime beaucoup, il est franc, sans façon, un
peu brusque, mais un cœur excellent, fort attaché à
la famille.

LOUISE.

Aussi je l'aime de tout mon cœur ; mais pour en
revenir à Clairville, ma mère....

Mad. DE ROSEMONT.

Eh bien ! ma fille, Clairville.... je ne lui ai pas
parlé encore ; mais j'ai de bons yeux.

LOUISE.

Eh quoi, vous avez deviné ?....

Mad. DE ROSEMONT.

Cela n'était pas bien difficile. Quand l'amour s'em-
pare d'un jeune cœur, il lui fait commettre mille in-
discrétions.

LOUISE.

Eh ! mon dieu oui.

Mad. DE ROSEMONT.

D'abord cette obstination à se tenir constamment
à la fenêtre.

LOUISE.

Même quand il pleut.

Mad. DE ROSEMONT.

Ces profondes révérences quand nous passons à côté
de lui.

LOUISE.

Oh ! il est d'une politesse....

Mad. DE ROSEMONT.

Quelques signes que j'ai cru remarquer... Cette af-
fectation de baisser les yeux quand on le regarde.

LOUISE.

Vous avez vu tout cela, ma mère ?

Mad. DE ROSEMONT.

Tout cela est si clair que je me propose aujourd'hui
même....

L O U I S E.

Quoi donc ?

Mad. D E R O S E M O N T.

De prier M. Dubouloir de nous amener notre jeune voisin.

L O U I S E.

Oh ! je peux vous répondre qu'il viendra bien vite.

Mad. D E R O S E M O N T.

Après t'avoir expliqué son secret, tu dois sentir que le mien n'est pas difficile à deviner.

L O U I S E.

Mais en effet, ma mère, je crois voir....

Mad. D E R O S E M O N T.

Tu sais que je suis plutôt ton amie que ta mère.

L O U I S E.

Oh ! c'est vrai.

Mad. D E R O S E M O N T.

Et tu as dû nécessairement t'attendre qu'à mon âge, je pourrais songer à me remarier.

L O U I S E.

A vous remarier !

Mad. D E R O S E M O N T.

Eh ! mais oui.... Or qu'ai-je besoin d'en dire davantage ? D'après cet entretien, tu comprends que mon choix est fait.

L O U I S E.

Votre choix !.... Serait-il possible ?

Mad. D E R O S E M O N T.

Et que je suis décidée à épouser...

L O U I S E.

A épouser !... M. Dubouloir peut-être ?

Mad. D E R O S E M O N T.

Fi donc; il m'en a parlé plus d'une fois, en riant, je l'ai refusé en riant de mon côté ; il a cinquante ans.

L O U I S E.

Mais enfin qui donc ?

Mad. D E R O S E M O N T.

Eh mais vraiment ! Clairville.

L O U I S E.

Clairville !

Mad. DE ROSEMONT.

Oui mon enfant, il m'aime, je n'en puis plus douter, la timidité l'a empêché de se déclarer, mais M. Dubouloir nous l'amenera, et il parlera, je t'en réponds.

LOUISE.

Ah ! grand dieu !

Mad. DE ROSEMONT.

Eh bien ! qu'as-tu donc ma fille, tu ne me blâmes pas de répondre aux sentimens de ce bon jeune homme, tu n'es pas fâchée.... et je te crois trop raisonnable pour craindre qu'un second mariage puisse altérer jamais la tendresse que je te porte.

LOUISE.

Non sans doute.... soyez heureuse, ma mère et je jouirai de votre bonheur.

Mad. DE ROSEMONT.

Comme elle est aimable ! comme elle répond bien cette chère enfant ! or ça maintenant je t'ai confié mon secret, c'est à toi à me révéler le tien.

LOUISE.

Le mien, ma mère, oh ! à présent je n'ose... je ne puis.... (*à part*) Oh mon dieu, mon dieu, qui aurait jamais pu prévoir un pareil malheur.

Mad. DE ROSEMONT.

Voyons, veux-tu que je devine ?

LOUISE.

Oh ! non, ne devinez pas.

Mad. DE ROSEMONT.

Pourquoi pas ; ne sais-je pas ce qui occupe les jeunes personnes de ton age ? tu es fâchée de mener une vie aussi retirée, tu voudrois aller aux fêtes, aux spectacles, voir le monde, être un peu plus parée ; c'est tout simple ; après mon veuvage j'avais renoncé à toutes mes sociétés, et depuis que j'ai commencé à sortir, à paraître, tu étais si jeune encore... mais, sois tranquille, tout cela va changer ; tu vois que je ne te traite plus en enfant déjà, puisque je te fais une confidence aussi importante. Une fois madame Clairville, je te mène partout avec moi ; Clairville et moi nous ne songerons qu'à te rendre heureuse, quand il s'agira de te marier à ton tour, et nous saurons si bien diriger ton choix....

L O U I S E.

Non ma mère, je ne veux pas me marier.

Mad. DE ROSEMONT.

Pauvre enfant, voilà ce qu'on dit à quinze ans, et quand on aime aussi tendrement sa mère : on regarde comme un malheur de la quitter pour un mari, mais comme on change, je le sais par ma propre expérience.

SCÈNE III.

MAD. DE ROSEMONT, ANDRÉ, LOUISE.

A N D R É.

Pardon, madame, mais mademoiselle Justine, la femme de chambre, m'a dit que je trouverais ici madame de Rosemont, sa maîtresse.

Mad. DE ROSEMONT.

C'est moi, mon ami.

A N D R É.

Oh ! bien ; moi, madame, je suis André, le domestique de M. Clairville, le notaire, votre voisin.

Mad. DE ROSEMONT.

De M. Clairville !

L O U I S E, (à part.)

Là, tout étoit si bien arrangé.

A N D R É, (présentant une lettre.)

C'est une lettre que monsieur m'a chargé de remettre à madame.

Mad. DE ROSEMONT, (prenant la lettre.)

Donnez, mon ami ; eh bien Louise ; une lettre de lui !

A N D R É, (il passe près de Louise et lui présente
une autre lettre.)

Et en voilà une autre qu'il m'a chargé de remettre, en secret, à mademoiselle.

L O U I S E.

Et il m'écrivait !

Mad. DE ROSEMONT, (lisant.)

A merveille, une lettre de politesse, de convenance, qui a l'air de ne rien signifier... c'est charmant.

ANDRÉ, (*à Louise.*)

Prenez donc, mademoiselle.

LOUISE.

Non, je ne peux pas, je ne veux pas.

Mad. DE ROSEMONT.

Dites à votre maître, mon ami, qu'il peut venir, que nous l'attendons, et qu'il est sûr d'être reçu avec plaisir par ses voisines, n'est-ce pas, ma fille?

LOUISE.

Oui, ma mère.

ANDRÉ.

Madame ne veut pas me donner un mot d'écrit. (*à Louise.*) Prenez donc.

Mad. DE ROSEMONT.

C'est inutile, qu'il vienne.

LOUISE.

Oui, qu'il vienne.

ANDRÉ, (*serrant la lettre.*)

Qu'il vienne, allons je vois bien qu'il faut que je me contente de cette réponse. Madame, et mademoi-selle, j'ai bien l'honneur de vous faire ma très-hum-ble révérence. (*Il sort.*)

SCÈNE IV.

MAD. DE ROSEMONT, LOUISE.

Mad. DE ROSEMONT, (*montrant la lettre à sa fille.*)

Tiens, ma chère, lis et tu verras, il se reproche de ne pas avoir encore demandé la permission de nous faire sa cour, il veut se lier avec nous, il s'appuie de son intimité avec M. Dubouloir, notre ami com-mun. Serait-il indiscret de venir nous présenter ses hommages ce matin même? cela ne dit rien, cela dit tout, et combien cette démarche de sa part me met à mon aise! je voulais prier M. Dubouloir de nous l'amener, c'était tout simple; entre voisins! eh bien il y a des gens qui auraient été capables d'y trouver à redire, j'aurais eu l'air de le rechercher, au lieu, qu'à présent, c'est évident, c'est lui qui me re-cherche, n'es-tu pas enchantée comme moi de cette lettre?

L O U I S E.

Oui, ma mère, enchantée.

Mad. DE ROSEMONT.

J'attends M. Dubouloir, il vient pour me parler de
ce maudit procès, et il exige de moi des choses... Eh!
bien, où les ai-je donc mis ces malheureux papiers.
Ah! ils sont dans mon sac... oh! nous verrons, mais
j'ôserai tout dire à cet honnête Dubouloir, je le crai-
gnais d'après ses folles prétentions; mais depuis que
chassons toute idée désagréable. J'inviterai M. Dubouloir à dîner avec nous, et j'espère que Clairville ne se refusera pas... Je crois qu'en vérité
je t'ai ouvert mon cœur, depuis que ce jeune homme
m'a fait demander la permission de venir nous voir,
je me sens toute encouragée, je lui parlerai.

LOUISE, (à part.)

Et moi aussi, je lui parlerai.

Mad. DE ROSEMONT.

Justement le voilà.

SCENE V.

MAD. DE ROSEMONT, DUBOULOIR, LOUISE.

DUBOULOIR.

Bonjour, madame, bonjour mon aimable pupille;
toujours bien aise de voir la femme et la fille de mon
pauvre ami. Grâces au ciel, je peux vous consacrer
une bonne partie de ma journée. Voulez-vous me
donner à dîner?

Mad. DE ROSEMONT.

J'allais moi-même vous prier...

DUBOULOIR.

Fort bien. J'ai deux ou trois courses à faire avant
quatre heures, et je suis à vous jusqu'au soir. Or ça,
pour ne pas perdre un tems précieux, car on peut
l'employer beaucoup plus agréablement auprès de
vous, débarrassons-nous des affaires. Avez-vous les
papiers que je vous ai demandés?

Mad. DE ROSEMONT.

Les papiers... oui monsieur... Laissez-nous, ma fille.

LOUISE.

Oui, ma mère. (*bas à Dubouloir.*) Il faut absolument que je cause avec vous.

DUBOULOIR.

Eh ! bien, quand vous voudrez, ma chère enfant.

Mad. DE ROSEMONT.

Que dis-tu à monsieur ?

LOUISE.

Rien, ma mère, je vous laisse. (*Elle sort.*)

DUBOULOIR, (*à part.*)

Ah ! ah !

SCÈNE VI.

MAD. DE ROSEMONT, DUBOULOIR.

Mad. DE ROSEMONT.

Comme ma fille n'entend rien aux affaires, j'ai dû la renvoyer.

DUBOULOIR.

Comme celles-ci l'intéressent autant que vous, elle aurait pu rester ; mais c'est égal. Où sont ces papiers ?

Mad. DE ROSEMONT, (*tirant les papiers de son sac et en séparant un.*)

Les voilà.

DUBOULOIR, (*prenant et examinant les papiers.*)

Donnez ; c'est bon, votre contrat de mariage... le testament de votre grand père... l'inventaire après le décès de ce pauvre Rosemont ; mais... il en manque un.

Mad. DE ROSEMONT.

Lequel donc s'il vous plaît ?

DUBOULOIR.

Eh ! parbleu, celui que je ne cesse de vous demander depuis un mois.

Mad. DE ROSEMONT.

Mais vous les demandez tous.

DUBOULOIR.

Oui, mais sur-tout...

Mad. DE ROSEMONT.

Quoi donc ?

DUBOULOIR.

Votre acte de naissance.

Mad. DE ROSEMONT.

Mon acte de naissance !

DUBOULOIR.

Ou votre extrait de baptême , comme vous voudrez.

Mad. DE ROSEMONT.

Eh ! mon dieu est-il donc si nécessaire ?...

DUBOULOIR.

Comment ! s'il est nécessaire ! dans un procès où il s'agit de prouver que vous étiez majeure à la mort de votre grand père.

Mad. DE ROSEMONT.

Majeure suivant la nouvelle loi.

DUBOULOIR.

Et ne l'étiez vous pas même suivant l'ancienne. Il nous le faut absolument.

Mad. DE ROSEMONT.

Eh ! bien vous l'aurez. Je voulais vous parler de ce jeune homme , notre voisin , M. Clairville.

DUBOULOIR.

Eh ! bien , c'est un jeune homme , un bon garçon , un notaire instruit, je vous l'ai dit cent fois ; revenons à votre acte de naissance.

Mad. DE ROSEMONT.

C'est que ce M. Clairville m'a fait demander la permission de venir me voir , et puisque vous me faites l'amitié de dîner avec moi , je voudrais l'inviter...

DUBOULOIR.

Vous ferez fort bien. Mais voilà un mois que je vous demande ce papier , songez qu'il me le faut aujourd'hui , ou vous perdez votre procès.

Mad. DE ROSEMONT.

Eh ! mon dieu , ce procès est-il donc si important , en vérité je serais tentée d'y renoncer.

DUBOULOIR.

Qu'est-ce que vous dites donc ? Quand vous seriez assez folle pour l'abandonner, je suis là pour le suivre. C'est mon devoir, ne suis-je pas le subrogé tuteur de votre aimable Louise ? Mais je vois ce que c'est ; vous

14

ne voulez pas qu'on sache que vous dattez de cinquante-huit.

Mad. DE ROSEMONT,
Comment donc, qu'est-ce que vous dites donc?

DUBOUDOIR.
Chut! on ne nous entend pas. Nous sommes entre
nous, oui, de cinquante-huit ou de cinquante-neuf;
car moi, qui vous parle je suis de cinquante-cinq, et je
n'ai guères que sept ou huit ans de plus que vous.
Pardon si je vous parle franchement; mais mon amitié pour feu votre mari en a fait naître en mon ame
une bien sincère pour vous et pour votre chère fille,
et j'aime mieux vous déplaire que de n'en pas rem-
plir les devoirs. Tenez, madame de Rosemont, vous
êtes une brave et digne femme, une excellente mère;
mais que diable, pourquoi voulez-vous être encore
une jeune personne. Je le conçois, quand une femme
a atteint la quarantaine, avant qu'elle ait pris son
parti, de passer ses jours à l'athénée ou à l'office,
avant qu'elle ait choisi, ou de lire des vers avec de
beaux esprits, ou de jouer au piquet avec son direc-
teur, elle jette un coup-d'œil de regret sur le monde,
elle voudrait ne pas renoncer encore à tous les privi-
léges de la jeunesse; allons, c'est fort naturel, et je
vous excuse: mais ce que je ne vous pardonne pas,
c'est de vous préparer des chagrins. Eh! que diable,
ne vaudrait-il pas mieux laisser la parure, la coquet-
terie, les prétentions à votre fille, et comme je vous
l'ai déjà proposé plus d'une fois, m'épouser moi, qui
déjà presque vieux garçon, vous trouve encore très-
jeune, très-fraîche et très-agréable.

Mad. DE ROSEMONT.
Une jolie manière de faire la cour!

DUBOULOIR.
Ma foi, c'est celle qui convient à notre âge!

Mad. DE ROSEMONT.
Notre âge, notre âge! Si vous me trouvez jeune
pour vous, n'est-il pas possible que je vous trouve
âgé pour moi?

DUBOULOIR.
A votre aise. Nous y reviendrons, vous m'épouse-
rez; j'en réponds; je vous dirai seulement qu'il vau-

draît mieux que cela fut plutôt que plus tard ; car ni
vous ni moi n'avons le tems d'attendre ; laissons cela.
Définitivement , oui ou non , voulez-vous me donner
votre acte de naissance ?

Mad. DE ROSEMONT.

Eh ! bien , monsieur , définitivement , non.

DUBOULOIR.

Eh ! bien , madame , je l'aurai malgré vous. Vous
êtes née à Paris , rue Saint-Anne , ou de Grammont ,
paroisse Saint – Roch. Sans adieu. En nous mettant
à table , je vous dirai votre âge au juste , jour pour
jour.

Mad. DE ROSEMONT.

Comment monsieur...

DUBOULOIR.

Que voulez-vous , quand nos amis ne veulent pas
être raisonnables , il faut bien que nous le soyons pour
eux.

Mad. DE ROSEMONT , (lui donnant , le papier.)

Tenez , méchant homme que vous êtes , le voilà
mon extrait de baptême , allez bien vîte le publier ,
le montrer et révéler à tout le monde...

DUBOULOIR.

Oh ! pouvez-vous me croire capable... Soyez sûre
que je n'en ferai que l'usage le plus discret. Je suis
brusque , exigeant ; mais je ne manque pas d'indul-
gence , je sais respecter les faiblesses. Vous n'avez
qu'à me dire l'âge que vous voulez avoir , et hors le
tribunal je vous appuyerai , je vous soutiendrai , je
mentirai pour vous sans rougir, et avec une intrépidité
qui vous fera plaisir.

Mad. DE ROSEMONT.

Taisez-vous donc , cachez donc bien vîte ce vilain
papier , voilà ma fille.

SCÈNE VII.

MAD. DE ROSEMONT , LOUISE , DUBOULOIR.
LOUISE.

Maman , c'est votre marchande de modes.

Mad. DE ROSEMONT.

J'y vais.

DUBOULOIR.

Oh ! c'est tout simple, la marchande de modes doit l'emporter sur le procureur.

Mad. DE ROSEMONT.

N'avons nous pas dit tout ce que nous avons à dire ?

DUBOULOIR.

Et mon amour pour vous, et toutes les jolies choses que vous m'inspirez, et notre mariage !

Mad. DE ROSEMONT.

Quoique vous en disiez, nous avons le tems l'un et l'autre d'y penser. Ma fille, dès que M. Clairville arrivera, faites moi avertir. (*Elle sort.*)

SCÈNE VIII.

LOUISE, DUBOULOIR.

DUBOULOIR.

Diable, elle s'occupe beaucoup de Clairville.

LOUISE.

Eh ! vraiment, elle ne s'en occupe que trop.

DUBOULOIR.

Bon, serait-ce là le sujet sur lequel vous voulez m'entretenir, mon aimable pupille.

LOUISE

Précisément. Vous étiez l'ami de mon père, vous voulez épouser ma mère, j'en serais bien contente ; car elle serait heureuse avec vous, et je vous dois tant de reconnaissance pour la sincère amitié que vous m'avez témoignée... Il se machine contre vous quelque chose qui me fait bien de la peine.

DUBOULOIR.

Eh ! quoi donc, ma chère enfant ?

LOUISE.

Ma mère veut épouser M. Clairville.

DUBOULOIR.

En vérité ? ah ! pour le coup je ne la croyais pas si folle.

LOUISE.

Eh mais écoutez donc, elle s'est imaginée que M.

Clairville

Clairville était amoureux d'elle , et elle avait quelque raison de le croire.

DUBOULOIR.

Comment donc cela ?

LOUISE.

Il n'y a que huit jours qu'il est notaire et qu'il demeure là , M. Clairville : ma mère est encore jeune.

DUBOULOIR.

Oh oui , encore quelques années et la mère et la fille seront du même âge , car tous les ans la fille en prend un et la mère tous les ans se rajeunit de deux ou trois.

LOUISE.

es fenêtres donnent sur les nôtres ; eh bien , il fait des signes , il lance des regards , il se confond en révérences , et tout à l'heure , il vient de faire demander à ma mère la permission de se présenter chez elle.

DUBOULOIR.

Est-ce que par avanture notre jeune notaire qui connoît la fortune de Mad. de Rosemont , voudroit se marier par spéculation ?

LOUISE.

Fi donc : M. Clairville est incapable de se laisser guider par des vues d'intérêt.

DUBOULOIR.

Est-ce qu'il serait amoureux tout de bon !

LOUISE.

Oui vraiment , tout de bon.

DUBOULOIR.

Amoureux ?

LOUISE.

Oui , monsieur , amoureux ; mais ce n'est pas de ma mère.

DUBOULOIR.

Et de qui donc ?

LOUISE.

C'est de moi , M. Dubouloir.

DUBOULOIR.

Ah ! de vous.

B

LOUISE.

Tous ces signes, tous ces regards, toutes ces révérences c'est pour moi.

DUBOULOIR.

Et comment le savez vous ?

LOUISE.

Comment? ma mère n'est pas toujours à la fenêtre avec moi ; tous les soirs, elle va au spectacle, dans ses sociétés, elle ne m'enmène jamais avec elle parce que, dit-elle, je ne suis qu'un enfant, et que d'ailleurs c'est l'heure de mes leçons. Je ne sais comment cela s'est fait ; mais depuis huit jours M. Clairville et moi, nous sommes toujours à la fenêtre à respirer le frais du soir, oh pour cela on peut dire qu'il mène une vie bien retirée, bien solitaire. Depuis huit jours il ne lui est pas arrivé de sortir une seule fois ; c'est un garçon bien rangé, il ne chante pas fort bien ; mais il a une voix qui va à l'âme, et puis ses romances sont si touchantes, si bien choisies...

DUBOULOIR.

Que vous avez deviné que c'était pour vous qu'il les chantait.

LOUISE.

Jugez donc quand ma mère m'a avoué qu'elle l'aimait, qu'elle s'en croyait aimée, cela m'a fait un mal....

DUBOULOIR.

Comment, est-ce que vous aimeriez Clairville, vous ?

LOUISE.

Mais je crois qu'oui....

DUBOULOIR.

Ah! ah! et sait-il que vous l'aimez ?

LOUISE.

Mais je crois qu'oui.

DUBOULOIR.

Et comment le croyez vous ?

LOUISE.

C'est qu'hier au soir précisément, j'étais à cette fenêtre..

DUBOULOIR.

Et lui à la sienne, c'est tout simple.

L o u i s e.

Il ne passoit personne dans la rue. Il s'est hasardé à me parler, il m'a demandé si cela ne me contrarieroit pas qu'il obtint de ma mère la permission de lui rendre visite, heureusement qu'il commençait à faire nuit, il ne m'a pas vu rougir ; moi, je lui ai répondu poliment comme je le devais, que ma mère et moi nous nous ferions un plaisir de recevoir un homme honnête et qui nous paroissait aussi aimable; c'est alors qu'il est convenu avec moi que ce matin il enverrait une lettre à ma mère. La lettre est venue, mais son domestique en avait une autre, qu'il voulait me donner en cachette, moi je n'ai pas voulu la recevoir; mais quand ma mère a dit au domestique en parlant de M. Clairville qu'il vienne, moi je n'ai pu m'empêcher de répéter, oui qu'il vienne. Vous voyez ; je vous dis tout. C'est la faute de ma mère. J'allais tout lui révéler ce matin quand elle m'a prévenue; il faut pourtant que je parle à quelqu'un, et à qui pourais-je me confier si ce n'est à mon tuteur, à l'ancien ami de mon père, à l'ami de M. Clairville et à l'homme raisonnable qui veut épouser ma mère.

D u b o u l o i r.

Chère enfant! eh bien à la bonne heure, voilà ce qui s'appelle un amour convenable. J'y avais déjà pensé, moi.

L o u i s e.

En vérité, vous aviez pensé à me marier à Clairville ?

D u b o u l o i r.

Oui, parbleu.

L o u i s e.

Oh! vous êtes un homme charmant.

D u b o u l o i r.

J'avais bien prévu quelques oppositions de la part de la maman, son refrein ordinaire, ma fille est un enfant. Mais j'étais loin de penser qu'elle poussât la folie jusqu'à devenir la rivale de sa fille.

L o u i s e.

N'êtes vous pas d'avis que vous et moi qui ai-

B 2

mons tant ma mère, nous devons nous réunir pour l'empêcher d'achever ce que vous appelez sa folie !

DUBOULOIR.

Oui, sans doute : mais c'est difficile, très difficile, elle est vive, obstinée, la bonne dame, et l'amour propre....

LOUISE.

Oh ! d'abord, je suis tranquille, M. Clairville ne consentira jamais à l'épouser. Mais cela ne suffit pas. Ah ! mon dieu, c'est lui, je crois, je tremble, voilà la première fois que je me trouve avec lui.

DUBOULOIR.

Oui, mais ce n'est pas la première fois que vous vous parlez.

SCÈNE IX.

LES PRÉCÉDENS, CLAIRVILLE.

CLAIRVILLE.

Madame de Rosemont ?.. Ah ! M. Dubouloir.

DUBOULOIR.

Eh ! bien, qu'est-ce que c'est ; il tremble aussi lui de son côté, et que diable ! est-ce à celui qui porte le trouble, dans tous les cœurs, à trembler comme un enfant.

CLAIRVILLE.

Mademoiselle, j'ai bien l'honneur...

DUBOULOIR.

Laissez-là toutes ces politesses. Depuis vingt-cinq ans que je suis procureur, j'ai pris l'habitude de mener vivement les affaires, parlons des nôtres.

LOUISE, *(à Dubouloir.)*

N'allez pas dire au moins à M. Clairville...

DUBOULOIR.

Je sais ce que j'ai à dire. Vous aimez mademoiselle ; mademoiselle vous aime...

LOUISE.

Qu'est-ce que vous dites donc.

CLAIRVILLE.

Serait-il vrai, mademoiselle ?

D u b o u l o i r.

Eh oui ! c'est entendu, c'est reconnu, c'est approuvé, par moi, votre ami, tuteur de mademoiselle et amant passionné de sa mère ; car hors ce petit ridicule de ne pas vouloir être de son âge, ridicule dont je la corrigerai ; elle a toutes les qualités qui peuvent me rendre heureux. L'âge, la fortune, le caractère, tout est parfaitement convenable entre vous ; mais cela ne suffit pas. Il nous faut le consentement de la mère de mademoiselle ; or, cette mère que j'adore, s'est imaginé que vous l'aimiez, et vous adore de son côté.

C l a i r v i l l e.

Se peut-il ?

D u b o u l o i r.

Oui, elle est rivale de sa fille, et grâce à elle, nous voilà rivaux. Il ne faut pas perdre la tête ici, et j'imagine une procédure... je veux dire, un stratagême, qui vous facilitera les moyens de vous voir, qui me donnera ceux de la persuader, qui vous laissera grandir, qui la laissera vieillir.

C l a i r v i l l e.

Eh ! mais, c'est un siècle d'attente que vous nous proposez.

D u b o u l o i r.

Ne semble-t-il pas que parce que vous vous aimez, il faut qu'on vous marie dès demain. Nous arriverons, mais laissez-vous conduire ; d'abord, vous, monsieur, ayez, s'il-vous-plaît, la complaisance d'entretenir la mère de mademoiselle, dans son erreur, faites l'amant passionné auprès d'elle.

L o u i s e.

Auprès de ma mère ! je ne le souffrirai pas.

C l a i r v i l l e.

Je n'y consentirai jamais. Je ne sais pas tromper.

D u b o u l o i r.

Eh ! bien, ne voilà-t-il pas déjà que vous vous alarmez, eh ! que diable, mademoiselle, ne soyez pas plus jalouse que je ne suis jaloux, moi qui aime si ardemment madame votre mère, et qui engage un jeune homme aimable à lui faire la cour, et vous monsieur le scrupuleux, n'ayez point la folle délicatesse de vous refuser à un subterfuge qui vous est proposé par un ami que vous connaissez pour un galant homme. Il faut de l'adresse pour amener les gens à la raison. Madame de Rosemont en est arrivée à l'époque de n'être plus jeune et d'avoir la manie de l'être ; et d'après un entretien que je viens d'avoir avec elle, je peux vous assurer qu'elle porte encore cette manie à un tel dégré, qu'elle est capable de vous fermer inhumainement sa porte, non seulement si elle devine que vous aimez sa fille, mais même si vous ne parvenez à lui persuader que vous êtes amoureux d'elle. Elle condamnera cette fenêtre, elle déménagera brusquement, je la connais, et alors, adieu les signes, les regards, les jolies romances, votre mariage et le mien sont à tous les diables; suivez mon conseil, au contraire ; vous voyez mademoiselle tous les jours, vous gagnez du tems, et moi qui ai quelquefois de l'empire sur madame de Rosemont, j'attends et je saisis le moment favorable pour nous rendre heureux tous les quatre.

L O U I S E.

J'entends parfaitement vos raisons, et je conviens qu'il y a du danger à ne pas suivre vos conseils ; mais comment voulez-vous que je le voie patiemment faire sa cour à ma mère.

C L A I R V I L L E.

Et que voulez-vous que je dise à madame de Rosemont, je la respecte, je l'estime, mais c'est sa fille que j'aime.

D U B O U L O I R.

Tout ce que vous voudrez : des mots entrecoupés, des phrases sans suite, elle vous regardera comme un amant timide qu'il faut encourager, des complimens sur sa jeunesse, sur sa beauté, des tirades de Romans, elle prendra tous vos mensonges pour l'expression de la vérité ; si vous vous sentez embarrassé regardez mademoiselle, imaginez-vous que c'est à elle que vous parlez ; la mère s'est bien imaginé que c'est elle que vous admiriez à la fenêtre ; elle prendra pour elle tout ce que vous adresserez de tendre et de galant à sa fille. Justement la voici, commencez, ou plutôt laissez-moi faire, je vais commencer pour vous.

C L A I R V I L L E.

En vérité, vous me faites jouer un rôle qui ne me convient pas du tout.

LOUISE.

Je ne me serais jamais avisée d'un moyen comme celui-là.

SCÈNE X.

LOUISE, MAD. DE ROSEMONT, DUBOULOIR, CLAIRVILLE.

DUBOULOIR,

Venez, madame, venez et permettez qu'avant de partir, je vous présente mon ami Clairville que voici.

Mad. DE ROSEMONT.

M. Clairville! et pourquoi donc ne m'avertissez-vous pas, mademoiselle?

LOUISE.

Mais maman, monsieur arrive à l'instant.

DUBOULOIR.

Il est vrai. Je lui en veux au moins de m'avoir prévenu par cette lettre qu'il vous a écrite ce matin, Il aurait du me laisser la satisfaction de vous prier moi-même de le recevoir; mais voilà comme sont tous les jeunes gens, d'une impatience dans ce qu'ils desirent. (*à Clairville*) Parlez donc.

CLAIRVILLE.

Puis-je espérer, madame, que vous voudrez bien permettre à votre heureux voisin de cultiver votre société.

Mad. DE ROSEMONT.

Monsieur, il sera bien flatteur pour moi que vous y trouviez quelques charmes.

DUBOULOIR.

Bon! vous voilà tous les deux embarrassés dans les complimens; moi je n'y entends rien. J'ai dit à Clairville qu'il dînait aujourd'hui avec nous. C'est une chose convenue, n'est-il pas vrai?

CLAIRVILLE.

Puisque madame veut bien me faire l'honneur...

DUBOULOIR.

Il est fort bien ce jeune homme, vous aviez raison.

24

Au moment où vous êtes entrée, il me faisait votre
éloge.

Mad. DE ROSEMONT.

En vérité ! monsieur est trop indulgent de faire
l'éloge d'une pauvre veuve.

DUBOULOIR.

Qui n'est pas faite pour rester toujours veuve,
n'est-ce pas Clairville ?

Mad. DE ROSEMONT.

Qu'il connait à peine de vue.

DUBOULOIR.

Eh ! c'est quelque chose de connaître les jolies
femmes de vue, n'est-ce pas Clairville ? Le fait est
que j'ai rencontré hier un de ses cliens qui était tout
étonné de la rage qu'il avait de parler d'affaires à la
fenêtre de son cabinet.

CLAIRVILLE.

Il est certain....

LOUISE, (à part)

Comme il est embarrassé ce pauvre jeune homme !

DUBOULOIR.

Or ça, je vous laisse ; comme je vous l'ai dit, j'ai
quelques courses à faire avant dîner. Sans adieu. (à
Clairville) Du courage et je reviens faire le jaloux.
(à madame de Rosemont.) Quant aux papiers impor-
tans que vous m'avez confiés, soyez tranquille sur
l'usage que j'en ferai. Vous le voyez, je fais tout ce
que vous voulez, ah ! madame, quand vous déci-
derez-vous donc à combler mon bonheur !

(il sort.)

SCÈNE XI.

LES PRÉCÉDELNS, hors DUBOULOIR.

CLAIRVILLE.

Ce M. Dubouloir est un bien galant homme.

Mad. DE ROSEMONT.

Il est vrai, je ne lui connais qu'un seul défaut.

CLAIRVILLE.

Lequel donc, Madame ?

Mad. DE ROSEMONDE.

Il s'est mis dans la tête je ne sais pourquoi qu'il falloit qne je l'épousasse.

CLAIRVILLE.

Ah ! madame. (*à part.*) Je ne sais que lui dire. (*haut.*) C'est un desir si naturel qu'il me semble que vous auriez tort de lui en vouloir.

LOUISE, (*à part.*)

Allons, le voilà qui commence.

Mad. DE ROSEMONT.

Oui, si ce qu'il appéle son amour étoit accompagné d'une certaine délicatesse d'expressions... mais ilen parle avec une franchise qui ressemble tellement à la brusquerie... et puis son âge... (*à sa fille.*) Eh ! bien, mademoiselle, est-ce que vous n'allez pas étudier votre leçon de piano?

LOUISE.

Mais, ma mère, j'ai bien le tems.

Mad. DE ROSEMONT.

Comment, vous avez le tems, allez donc, mademoiselle, je vous en prie.

LOUISE.

Eh ! bien, ma mère, j'y vais.   (*Elle sort.*)

SCÈNE XII.

MAD. DE ROSEMONT, CLAIRVILLE.

Mad. DE ROSEMONT.

Cette petite fille a des momens de caprice et de paresse inconcevables.

CLAIRVILLE.

Ah ! madame, elle est charmante !

Mad. DE ROSEMONT.

Charmante, dites-vous ?

CLAIRVILLE.

Oui, oui, madame, dans son air, dans ses traits, elle promet d'être un jour aussi aimable que sa mère.

Mad. DE ROSEMONT.

Que sa mère... il ne lui faudra pas de grands efforts. (*d part.*) Il paraît fort timide.

CLAIRVILLE, (*à part.*)

Allons, il faut bien que je parle. (*haut.*) Ce monsieur Dubouloir est si prompt à prendre la parole, qu'à peine m'a-t-il laissé le tems de vous remercier de la réponse aimable que vous avez faite ce matin à mon domestique, et lui-même, en m'invitant à dîner aujourd'hui en votre nom, m'a imposé le devoir de vous témoigner toute la reconnaissance que j'éprouve... (*à part.*) Le diable m'emporte si je sais ce que je dis.

Mad. DE ROSEMONT.

(*A part.*) Le voilà déjà tout interdit. (*haut.*) C'est moi, monsieur, qui vous dois mille remerciemens d'avoir bien voulu accepter.... Mais laissons de côté toutes ces politesses; comment trouvez-vous le nouveau quartier que vous habitez?

CLAIRVILLE.

Si agréable, que j'espère ne jamais le quitter.

Mad. DE ROSEMONT.

M. Dubouloir vous a plaisanté sur la manie que vous avez de vous tenir à votre fenêtre. Peut-être trouverez-vous aussi qu'on pourrait me plaisanter à mon tour.

CLAIRVILLE.

Je suis trop heureux de vous y voir pour me permettre la plus légère plaisanterie.

Mad. DE ROSEMONT.

Prenez donc garde, savez-vous que ce sont presque des douceurs que vous me dites-là.

CLAIRVILLE.

Vous croyez?

Mad. DE ROSEMONT.

Et que vous m'obligerez de ne pas tenir un pareil langage devant M. Dubouloir.

CLAIRVILLE.

Pourquoi donc cela, madame?

Mad. DE ROSEMONT.

Pourquoi?... S'il allait prendre de l'ombrage.

CLAIRVILLE.

De l'ombrage!

Mad. DE ROSEMONT.

Je vous ai dit qu'il me faisait la cour, qu'il voulait m'épouser.

CLAIRVILLE.

Oh! c'est vrai, est-ce que vous partageriez ses sentimens?

Mad. DE ROSEMONT.

Non pas précisément; il était l'ami de M. de Rosemont.

C L A I R V I L L E.

Je le sais.

Mad. D E R O S E M O N T.

C'est un fort honnête homme.

C L A I R V I L L E.

J'en conviens.

Mad. D E R O S E M O N T.

Un véritable ami à qui je dois des égards , des mé-
nagemens.

C L A I R V I L L E.

Oui, sans doute ; mais tout cela n'est pas de
l'amour.

Mad. D E R O S E M O N T.

Non vraiment.

C L A I R V I L L E

Enfin, que pensez-vous de ses prétentions ?

Mad. D E R O S É M O N T.

Ce que j'en pense... Vous êtes curieux au moins.

C L A I R V I L L E.

Le désir de devenir à mon tour votre ami , doit me
servir d'excuse.

Mad. D E R O S E M O N T.

Chargé de toutes les affaires de famille , M. Dubouloir s'y employe avec un zèle, un désintéresse-
ment !...

C L A I R V I L L E.

Ah ! Madame, qui ne s'empresserait de consacrer tous ses soins , tout son tems à une femme
respectable...Aimable... Bonne... Belle...et faite en un
mot pour inspirer...

Mad. D E R O S E M O N T.

Fort bien, c'est vous qui êtes jaloux de M. Dubouloir.

C L A I R V I L L E.

Jaloux, moi... J'avoue... (*à part*). Allons je suis
pris. (*haut*). Il est certain...

Mad. D E R O S E M O N T.

Il est certain ?...

SCÈNE XIII.

LES PRÉCÉDENS, LOUISE, (*se plaçant au milieu*).

LOUISE.

Me voilà.

Mad. DE ROSEMONT.

Comment vous voilà, et que venez vous faire ici !

LOUISE.

J'ai étudié ma leçon.

Mad. DE ROSEMONT.

Déjà.

LOUISE.

Oh! je suis prompte, moi, quand je veux.

Mad. DE ROSEMONT.

N'en n'avez-vous pas d'autres à étudier pour ce soir.

LOUISE.

Eh! mais, maman, vous me renvoyez toujours...

Mad. DE ROSEMONT.

Et votre dessin, votre géographie; allez donc mademoiselle, et ne revenez que quand on vous appellera.

LOUISE.

Eh, bien ! je m'en vais, (*à part.*) mais je reviendrai.(*Elle sort.*)

SCÈNE XIV.

MAD. DE ROSEMONT, CLAIRVILLE.

Mad. DE ROSEMONT.

Les enfans sont bien insupportables, on ne peut pas causer; vous disiez donc...

CLAIRVILLE.

Je disais... (*à part.*) Que disais-je ?

Mad. DE ROSEMONT.

Que M. Dubouloir était bien heureux.

CLAIRVILLE.

Oui, madame, depuis huit jours que j'ai l'avantage de vous connaître de vue, j'ai souvent envié son sort.

Mad. DE ROSEMONT.

Je ne vois pas ce que son sort peut offrir de si desirable.

CLAIRVILLE.

Pouvoir à toute heure venir vous faire sa cour, et grace aux droits de l'âge et de l'amitié, oser exprimer tout haut ses sentimens.

Mad. DE ROSEMONT.

Si vous parlez d'âge, n'est-ce pas lui plutôt qui devrait vous porter envie ?

CLAIRVILLE.

Oh ! non ; jeune, commençant à peine mon état, je nè puis parler qu'avec crainte, et laisser deviner, pour ainsi dire, ce qui se passe dans mon ame.

Mad. DE ROSEMONT.

Croyez que cette réserve vaut bien sa brusque sincérité, et que cette manière de laisser deviner est aussi claire et plus flatteuse que celle de tout dire.

CLAIRVILLE.

Peut-être ; mais m'entendez vous bien ?

Mad. DE ROSEMONT.

Oui, je vous entends, je vous devine.

CLAIRVILLE.

J'ai bien peur que vous ne vous trompiez.

Mad. DE ROSEMONT.

Non, non, Clairville, je ne me trompe pas ; on ne peut pas se tromper sur des sentimens aussi délicatement exprimés.

SCÈNE XV.

LOUISE, Mad. DE ROSEMONT, CLAIRVILLE.

LOUISE.

Maman, c'est une visite qui vous arrive.

CLAIRVILLE, (à part.)

Ah ! grace au ciel.

Mad. DE ROSEMONT.

Je n'y suis pas.

LOUISE,

Eh ! mais, maman, c'est une visite de nôces ; ma

30

cousine Hubert avec son mari , ils vous attendent dans
l'autre sallon ; moi j'ai dit que vous y étiez. Il y a aussi
votre fermier qui vous apporte de l'argent.

Mad. DE ROSEMONT.

Et pourquoi m'apporte-il de l'argent avant le terme?

LOUISE.

Mais il me semble que vous devriez , lui en savoir
gré.

CLAIRVILLE.

Que je ne vous gêne pas , madame ; jai moi-même
une affaire à terminer chez moi. Je vous laisse et reviens dans l'instant.

Mad. DE ROSEMONT.

Allez donc , ne tardez pas. Vous m'avez inspiré
dans cet entretien la plus parfaite estime.

CLAIRVILLE.

Votre estime m'est bien chère , et c'est là , je vous
assure , l'unique but de mes desirs. (*Il sort.*)

SCÈNE XVI.

LOUISE, MAD. DE ROSEMONT.

Mad. DE ROSEMONT.

En vérité , mademoiselle, on dirait que vous faites
exprès de venir m'interrompre.

LOUISE.

Mais, maman, ce n'est pas ma faute.

Mad. DE ROSEMONT.

Restez-là. Puisque vous avez dit que j'y étais, je
vais bien vite congédier votre cousine et ce fermier
qui m'apporte de l'argent.

LOUISE.

Qu'à donc pu vous dire M. Clairville , pour vous
donner tant d'humeur ?

Mad. DE ROSEMONT.

De l'humeur ! moi, ce n'est pas contre lui : c'est
contre vous, ou plutôt contre les importuns... Je ne
m'étais pas trompée , ma chère enfant.

LOUISE.

Comment ?

Mad. DE ROSEMONT.

Si tu savais la manière délicate dont il m'a fait entendre...

LOUISE.

Il vous a donc dit...

Mad. DE ROSEMONT.

Attends moi ; je reviens te conter tout cela. Ta mère est la plus heureuse des femmes. (*Elle sort.*)

SCÈNE XVII.

LOUISE, (*seule.*)

Qu'a-t-il pu lui dire qui lui donne tant de confiance? J'en étais sûre qu'il suivrait trop bien les conseils de ce M. Dubouloir. Pauvre Louise ! il t'aime, et il faut que tu lui voye faire la cour à une autre. Et a qui, encore ? à ma mère ! Ah ! mon dieu, j'étais si heureuse tous ces jours derniers, il ne manquait à mon bonheur que de le voir, de lui parler ; je le vois, je lui parle, c'est là que commence mon chagrin.

SCÈNE XVIII.

LOUISE, CLAIRVILLE.

CLAIRVILLE.

Ah ! mademoiselle, vous voilà seule.

LOUISE.

C'est vous, monsieur.

CLAIRVILLE.

Je ne suis pas retourné chez moi, j'ai attendu que madame votre mère vous eût laissée.

LOUISE.

Eh ! bien, monsieur, ma mère est enchantée de votre déclaration.

CLAIRVILLE.

Eh ! bien, mademoiselle, êtes vous contente? il m'a fallu feindre d'en aimer une autre que vous ; mais l'avez exigé.

LOUISE.

Moi, monsieur, je l'ai exigé ; c'est vous qui vous êtes empressé de suivre ce beau conseil de monsieur

34

Dubouloir; et pour comble de mauvais procédés, nous voilà seuls à présent ; au lieu de me demander pardon, vous perdez le tems à me chercher querelle. Ma mère croit que vous l'aimez, vous le lui avez juré, et moi il a fallu que je le devinasse, vous ne m'en avez encore rien dit.

CLAIRVILLE.

Ah ! Louise, la contrainte même que je viens de m'imposer n'est-elle pas une preuve de mon amour pour vous ? Oui, enhardi par votre aimable colère, j'ose vous répéter ce que je vous ai dit vingt fois dans mon cœur. C'est vous, c'est vous seule que j'aime, je n'aimerai jamais que vous seule.

LOUISE.

Eh ! bien à la bonne heure, c'est parler, cela.

CLAIRVILLE.

Puis-je à mon tour espérer un aveu ?

LOUISE.

Oh ! non, n'y comptez pas ; mais demandez à mon tuteur, à monsieur Dubouloir, ce que je pense sur votre compte.

CLAIVILLE.

Mais quel est donc ce stratagéme qu'il a imaginé ?

LOUISE.

Il me déplaît autant qu'à vous au moins. D'abord c'est ma mère, et c'est mal à nous de la tromper, n'est-ce pas ?

CLAIRVILLE.

Et puis est-elle si méchante, si déraisonnable ?

LOUISE.

Eh mon dieu, non. Tenez, tantôt, précisément quand elle m'a fait confidence de son amour pour vous, j'étais sur le point de lui faire confidence du mien.... du vôtre pour moi je veux dire. Je n'ai pas osé, j'ai eu tort, car à présent que vous lui avez laissé entendre que vous l'aimiez, la chose est bien plus difficile à dire, je le sens ; nous n'avons pourtant pas d'autre parti à prendre, et comme nous serons deux, nous nous encouragerons mutuellement.

CLAIRVILLE.

Oui, elle est trop bonne mère pour ne pas nous pardonner, et d'ailleurs après l'entretien charmant

que

que nous venons d'avoir, il est au-dessus de mes forces de dissimuler.

LOUISE.

J'aime à le croire; mais comment nous y prendre pour lui avouer....

CLAIRVILLE.

Comment? Je n'en sais rien; mais vous m'inspirerez. Dans tous les cas, qu'elle me bannisse de sa présence, qu'elle vous emmène, el'e ne détruira jamais l'amour que j'ai pour vous. (*Il lui baise la main*).

SCÈNE XIX.

LES PRÉCÉDENS, MAD. DE ROSEMONT ENTR'EUX.

Mad. DE ROSEMONT.

Que vois-je ?

CLAIRVILLE.

Ah! mon dieu, c'est elle !

LOUISE.

Ah! ma mère! je me jette à vos pieds pour vous conjurer....

Mad. DE ROSEMONT.

Relevez-vous, expliquez-moi...

LOUISE.

Nous cherchions un moyen de vous dire la vérité quand vous nous avez surpris.

CLAIRVILLE.

C'est mademoiselle votre fille que j'aime.

LOUISE

Voilà le secret que je voulais vous dire ce matin.

CLAIRVILLE.

Je vous estime, je vous respecte comme une mère.

LOUISE.

Mais il lui est impossible d'avoir de l'amour pour vous, puisqu'il en a pour moi.

Mad. DE ROSEMONT.

C'est ma fille que vous aimez, monsieur; votre procédé est affreux.

L O U I S E.

Ah ! maman, pardonnez-lui, pardonnez moi.

Mad. DE ROSEMONT.

Me tromper, s'introduire dans ma maison pour séduire ma fille, un enfant ! et vous mademoiselle vous jouer de votre mère !

L O U I S E.

Oui, maman, c'est moi seule qui suis coupable, c'est moi qui ai appris à monsieur que vous vous trompiez sur ses véritables sentimens, c'est M. Dubouloir qui nous a conseillé d'entretenir votre erreur. M. Clairville ne s'y est prêté qu'à regret.

Mad. DE ROSEMONT.

A regret dites-vous ! fort bien : et c'est M. Dubouloir qui vous a conseillé de me tromper ; ainsi donc je ne suis environnée que d'ennemis. Sortez monsieur.

L O U I S E.

Ma mère je vous conjure.

Mad. DE ROSEMONT.

Sortez, vous dis-je.

<h2 style="text-align:center">SCENE XX.</h2>

L O U I S E, Mad. DE ROSEMONT,
DUBOULOIR, CLAIRVILLE.

DUBOULOIR.

Eh bien, qu'est-ce que c'est donc que tout ce bruit ?

Mad. DE ROSEMONT.

Venez, venez jouir de votre ouvrage Monsieur ; votre digne ami a bientôt fait connaître ses sentimens pour moi.

DUBOULOIR.

Ses sentimens ! eh bien, je m'en étais douté, M. Clairville vous aime, allons, il ne me manquait plus que d'avoir un rival.

Mad. DE ROSEMONT.

Qu'est-ce que vous dites donc ?

DUBOULOIR.

Mais il ne l'a pas encore emporté sur moi, je sau-

rai défendre mes droits. Jeune homme sachez que
j'aime madame avant vous , et que je suis capable de
me porter aux plus violentes extrémités...

Mad. DE ROSEMONT,

Eh ! monsieur, ce n'est pas moi, c'est ma fille qu'il
aime , et vous ne le savez que trop bien.

LOUISE.

Eh ! oui, nous avons tout avoué, ma mère sait
tout ; et la voilà qui renvoie M. Clairville.

DUBOULOIR.

Ah ! vous avez tout avoué ; cela change la thèse. Eh
bien jeunes gens quand je vous disais qu'il fallait
feindre et attendre ; au surplus, puisque tout est dé-
couvert, voilà le moment de brusquer l'aventure ;
retournez chez vous Clairville , rentrez dans votre
chambre ma chère pupille , je ne tarderai pas à vous
rappeler tous les deux.

Mad. DE ROSEMONT.

Non, ne l'espérez pas , je suis outrée ! et je ne leur
pardonnerai jamais.

CLAIRVILLE.

Ah ! monsieur , je remets mes intérêts entre vos
mains.

DUBOULOIR.

Soyez tranquille , vous serez son gendre et je serai
son mari.

(Louise et Clairville sortent.)

SCENE XXI.

Mad. DE ROSEMONT, DUBOULOIR.

Mad. DE ROSEMONT.

Vous , mon mari , Monsieur ! après l'indignité de
votre conduite, pouvez vous encore vous en flatter ?

DUBOULOIR.

Oui madame je m'en flatte ; mais j'ai à vous parler
de votre procès.

Mad. DE ROSEMONT.

Et monsieur suis-je en état de vous entendre après
la scène affreuse...

D U B O U L O I R.

Justement ce que j'ai à vous dire va vous causer une utile diversion. Je quitte à l'instant votre partie adverse; vous le savez, c'est votre cousin germain, un vieux garçon sans enfans. Quoique procureur je n'aime pas les procès. Je lui ai parlé raison. Je lui ai proposé un arrangement tout à votre avantage, car c'est la cession toute entière de ses droits. Il y a consenti.

Mad. DE ROSEMONT.

Il y a consenti!

D U B O U L O I R.

Oui, mais il y met une condition. C'est que vous marierez votre fille, et que c'est lui qui par contrat de mariage lui assurera les cinquante mille francs dont il s'agit.

Mad. DE ROSEMONT.

Ah! c'est-à-dire que c'est lui qui voudrait doter ma fille. Non monsieur, mes droits sont incontestables, vous me l'avez toujours dit. Nous plaiderons.

D U B O U L O I R.

Eh bien madame, je ne m'en dédis pas. Vous gagnerez votre procès, j'en réponds sur ma tête. Le point essentiel était de prouver que vous étiez majeure à la mort de votre grand-père. Votre acte de naissance que voici en est la preuve incontestable. Il est de cinquante-neuf. Vous avez donc bien évidemment quarante-cinq ans. Vous en aviez vingt-six à la mort du grand-père, et pour confondre vos adversaires, il n'y a pas de meilleur moyen que de donner la plus grande publicité à votre acte de naissance.

Mad. DE ROSEMONT.

Comment monsieur!

D U B O U L O I R.

Oui madame, je vais le confier à votre avocat; justement il travaille à son mémoire, il sera fort bien son mémoire; et cet acte important va fournir de nouveaux traits à son éloquence. Il le citera dans les faits, dans les moyens, il l'imprimera à la fin du mémoire comme pièce justificative.

Mad. DE ROSEMONT.

Comment il l'imprimera !

DUBOULOIR.

On distribuera le mémoire à vos juges, à votre adversaire, à son avocat, à son procureur; il faudra en donner à vos amis, à vos connaissances.

Mad. DE ROSEMONT.

A tout Paris, n'est-ce pas ?

DUBOULOIR.

Et à l'audience ! c'est là que cet acte précieux fera un effet ! C'est la base du plaidoyer, de la réplique, c'est là qu'il faut perpétuellement le rappeller , je ne manquerai pas de le recommander à votre avocat , et vous gagnerez votre cause.

Mad. DE ROSEMONT.

Vous ne vous plaisez qu'à dire et à faire des choses désagréables.

DUBOULOIR.

Comment, quand je vous donne un moyen sûr de gagner votre procès en prouvant à tout Paris que vous avez quarante-cinq ans. Je sais bien qu'à votre place il y a des femmes qui aimeraient mieux accepter la proposition du cousin , et marier sur-le-champ Louise à Clairville.

Mad. DE ROSEMONT.

L'indigne ; me faire croire que c'est moi qu'il aime !

DUBOULOIR.

Oh il n'est pas coupable. Il vous a dit la vérité. C'est moi qui lui ai conseillé ce beau stratagême. Ou plutôt c'est vous qui vous êtes imaginé qu'il vous aimait.

Mad. DE ROSEMONT.

J'en conviens avec vous ; mais pourquoi ne pas me détromper ?

DUBOULOIR.

Ah pourquoi ? Tenez, ne revenons pas sur le passé. Voyons notre situation présente. Il est impossible que vous songiez encore à lui, je ne vous parle pas des inconvéniens que pourroit avoir pour vous la publication de votre acte de naissance. Fi-donc, une

femme raisonnable comme vous est au-dessus de toutes
ces petites prétentions de jeunesse ; mais ces deux jeunes gens s'aiment de tout leur cœur. Tout le mal vient de
ce qu'étant jeune vous-même, vous ne vous êtes pas
apperçue que Louise n'était plus un enfant ; mais
vous voyez que Clairville s'en est fort-bien apperçu.
Voudriez vous faire le malheur de votre fille ?

Mad. DE ROSEMONT.

A la bonne heure, je vous aime quand vous parlez
raison. Il est certain que je serais désespérée de rendre
ma fille malheureuse.

DUBOULOIR.

A merveille, j'en étais sûr. Holà M. Clairville ac-
courez, il était encore à cette malheureuse fenêtre,
je l'aurois parié, approchez Mlle. Louise.

Mad. DE ROSEMONT.

Eh mais un moment, un moment donc comme
vous êtes vif!

DUBOULOIR.

Parbleu, quand il s'agit de faire le bonheur des
autres et le mien. Car il faudra bien que vous m'é-
pousiez.

SCENE XXII.

LOUISE, MAD. DE ROSEMONT, DUBOULOIR.

DUBOULOIR.

Allons ma chère pupille, embrassez votre mère,
elle vous pardonne, elle consent à vous marier à
Clairville.

Mad. DE ROSEMONT.

Comment, je consens !

DUBOULOIR.

Oui madame vous consentez, nous dînons en-
semble, je vais chercher votre cousin, je l'amène
chez votre notaire, nous signons le contrat de mariage, plus de procès, plus de querelles, et votre
avocat ne fera pas imprimer son mémoire.

Mad. DE ROSEMONT.

Allons vous me faites faire tout ce que vous voulez.

SCENE XXIII *et dernière*.

LES MÉMES, CLAIRVILLE.

CLAIRVILLE.

J'accours plein d'inquiétude, est-ce de l'aveu de madame que vous m'appelez, M. Dubouloir ?

DUBOULOIR.

Oui, oui c'est de son aveu. Tout est oublié, tout est pardonné, comme je vous l'avais dit. Vous voilà son gendre, je serai son mari, et voilà votre acte de naissance dont je n'ai plus besoin.

Mad. DE ROSEMONT.

Gardez-le, il ne m'inquiète plus entre vos mains, me voilà guérie. On se console aisément de n'être plus jeune quand on a le bonheur de bien marier sa fille.

FIN.

CATALOGUE
DES LIVRES DE FONDS

Qui se trouvent chez Madame MASSON, Libraire, rue de l'Échelle, N°. 558, au coin de celle Saint-Honoré.

ROMANS NOUVEAUX.

Adolphe et Zénobie, ou les Crimes de la jalousie, 2 vol. *in-*12.   3 fr.

près-Dîners de Campagne ; (*les*) vol. *in-*18 avec figures   75 c.

Boîte de Pandore ; (*la*) 1 vol. *in-*8°.   1 fr.

Censeur ; (*le*) 1 vol *in-*18.   75 c.

Clémence, roman moral ; 3 vol. *in-*12 avec figures. Par madame Lagrouya la Maison-Neuve 6 fr.

Famille des Menteurs, (*la*) par l'auteur de l'Histoire
d'un Chien; 1 vol. *in*-12 avec figures   2 fr.
Gascon de la rue Saint-Denis, (*le*) ou Histoire de
mon père , 4 vol. *in*-12.   7 fr. 50 c.
Histoire d'un Chien , (*l'*) écrite par lui-même, et pu-
bliée par un homme de ses amis , ouvrage critique,
moral et philosophique ; 1 vol. *in*-12, avec figures
      2 fr.
Histoire d'une Chatte. (*l'*)   1 fr. 50 c.
Italienne, (*l'*) ou amour et persévérance; 1 vol. *in*-12.
      1 fr. 50 c.
Peut-on s'en douter? ou Histoire véritable de deux fa-
milles du Norwick, par madame Bournon-Mallarme;
2 vol. *in*-12 , figures.   5 fr.
Première Nuit de mes Nôces , (*la*) par l'auteur de
l'Histoire d'un Chien ; 2 vol. fig.   5 fr.
Savetier enrichi, (*le*) ou les trois mois de Niperc ;
vol. *in*-12 , fig.   1 fr. 50 c.
Veillées Militaires, (*les*) 2 vol. *in*-12.   3 fr.

PIÈCES DE THÉATRE.

Abbé Pellegrin, (*l'*) vaudeville en 1 acte. 1 fr. 50 c.
Acte (*l'*) de Naissance, comédie en 1 acte;
par L. B. Picard.   1 fr. 20 c.
Aline , reine de Golconde, opéra.   1 fr. 50 c.
Allez voir Dominique, vaudeville en un acte. 1 fr.
Amant timide, (*l'*) ou l'adroite Soubrette. 1 fr.
Anglais à Berlin , (*l'*) comédie en 1 acte. 1 fr. 20 c.
Antoine et Cléopâtre, tragédie en 5 actes. 1 fr. 50 c.
Aveugle supposé. (*l'*)   1 fr. 20 c.
Cassandre Agamemnon; parodie.   1 fr. 20 c.
Catinat à St.-Gratien, vaudeville en 1 acte 1 fr. 20 c.
Chapelain.   1 fr. 20 c.
Cloison , (*la*) ou beaucoup de peine pour rien , co-
médie en 1 acte.   1 fr. 20 c.
Colombine Philosophe.   1 fr. 20 c.
Concert interrompu , (*le*) comédie en 1 acte , mêlée
d'ariettes.   1 fr. 20 c.
Confidences. (*les*)   1 fr. 20 c.
Congé, (*le*) ou la fête du vieux Soldat, comédie mêlée
de vaudevilles , en 1 acte.   1 fr. 20 c.
Corali , ou la Lanterne magique.   1 fr.
Contrat signé d'avance, opéra , par J. M. F. Ligier.
      1 fr. 20 c.
Deux Pères. (*les*) ou la Leçon de Botanique , vaude-
ville, par Emmanuel-Dupaty.   1 fr. 50 c.

www.ingramcontent.com/pod-product-compliance
Ingram Content Group UK Ltd.
Pitfield, Milton Keynes, MK11 3LW, UK
UKHW022347120726
13694UKWH00004B/1724